Christine Dölle

Sächsisches Kochbuch

W0188844

SACHSENBUCH

Kräftige Hausmannkost und dünner „Gaffee"

Von Christine Dölle

unter Mithilfe von
Tante Agathe aus Bennewitz
Oma Gerda aus Leutzsch
und Moni vom Weißen Hirsch

Cartoons von der Autorin

ISBN 3-910148-43-3
1. Auflage
© 1991 by Sachsenbuch Verlagsgesellschaft mbH
Alle Rechte vorbehalten,
insbesondere die des öffentlichen Vortrags, der Rundfunksendung
und der Fernsehausstrahlung, der fotomechanischen Wiedergabe
auch einzelner Teile
Umschlag: Christine Dölle
Layout: Eckhard Neumann
Satz und Lithos: Adrian Zirwes, Stadt-Anzeiger Leipzig
Druck: Foto-Graphika GmbH Leipzig
Buchbinderei: Firma Pohl KG Leipzig

Sellerie und Mangoldspitzen,
Salbei von der Wiese.
Bohnenkraut mit Berberitzen,
Senf, wenn's geht, der Süße.
Zehn, zwölf Messerspitzen Butter
von der lieben Kuh,
eine Schaufel Vogelfutter
rührt man noch dazu.
Essig, Öl und Pastinack,
eine Karpfengräte,
Kartoffeln, einen ganzen Sack,
nicht alle, aber jede.
Der Saft von einer weichen Berne,

Sachsen kochen eben gerne.

Christine Dölle

„Da machter eehmd euren Dreck alleene", rief
Friedrich August III., König von Sachsen, seinen
Untertanen zu, als sie ihn nicht mehr haben
wollten. Er zog sich zurück, die Sachsen zogen
weiter, am Schloß vorbei und wieder nach Hause.
Der Fall war erledigt.

Sie grübeln nicht. Was weg ist, ist weg. Sachsen
sind wie Stehaufmännchen. Sie fangen gerne an.
Unerschütterlich rappeln sie sich aus jedem tiefen
Tal wieder hoch und gucken zuversichtlich über
die Bergnase dem nächsten Ziel entgegen.

Ihr belächelter Dialekt zwingt sie dazu, sich
täglich aufs Neue zu emanzipieren. Sie sind die
Frauen Deutschlands.

Um diesen Kampf zu überstehen, kochen sie ihr
eigenes Süppchen. Es ist kräftig, meist mit viel
Speck und „guter" Butter, süß-sauer, denn sauer
macht lustig.

Auch in Leipzig, wo seit 800 Jahren zweimal im
Jahr Leute aus aller Herren Länder ihre kulinari-
schen Spuren hätten hinterlassen können, bleibt
die Hausfrau der sächsischen Küche treu.

Die Leipziger lassen gelassen die Messen an sich
vorrüber ziehen, trinken weiter ihren „Bliemchen-
gaffee" und ditschen die Semmel rein. Der Kaffee
ist gesund, er ist so dünn, daß man das gemalte
Blümchen auf dem Tassengrund sieht, süß und
lauwarm.

Und geditscht wird alles, was trocken ist und
krümelt:

Buttersemmeln, Napfkuchen, Stolle und Kekse.

Die höchste Delikatesse ist eine Käsesemmel in Kakao geditscht. Wenn dann die Fettaugen oben schwimmen, ist das schön.

Überhaupt hat's der Sachse gern feucht. Ein Schnitzel ohne Soße geht nicht, er braucht etwas, worin er seine Kartoffeln zermampfen kann.

Er hat sich mit Erfolg gegen die Einflüsse der internationalen Küche gewehrt und auch den erhobenen Zeigefinger der Ernährungswissenschaftler ignoriert.

Speck und Butter sind immer noch die Renner zwischen Leipzig, Dresden und Aue.

Es wird wohl an der angeborenen „Fischelanz" der Sachsen liegen, einer Eigenschaft, die man andernorts vielleicht mit „rotierender Umtriebigkeit" übersetzen kann, daß man hier genauso viel oder wenig Speckbäuche und ausladende Hinterteile sieht, wie in anderen Ländern auch.

Ganz im Gegenteil, ohne das „Mulang Ruusch" in Paris mies machen zu wollen, ist es eben Sachsen, wo die schönen Mädchen auf den Bäumen wachsen, neben Borsdorfer Äpfeln, Knorpelkirschen und der blauen Hauspflaume.

Biermüschen

1/2 Liter Milch
1/2 Liter Bier
1 Eßlöffel Mehl
2 Eier
1 Eßlöffel Butter
Salz, 1 Stange Zimt, Zucker
Zwieback

Man lasse das Bier mit dem Zimt und die Milch einzeln kochen. Mehl und Eier mit wenig Milch verquirlen und in der kochenden Milch verrühren.

Dann gibt man alles zusammen in einen Topf und läßt es unter beständigem Quirlen ziehen, tut Butter, wenig Salz, Zucker nach Belieben hinein und richtet über Zwieback an.

Eiersubbe

2 Eier
1 Liter Fleischbrühe
Butter
1/2 Tasse geriebene Semmel
Muskat, Salz

Man quirlt die Eier und etwas Butter mit ein wenig Muskat und Salz, rührt alsdann die geriebene Semmel und das Gequirlte gut untereinander und gießt es langsam zu der kochenden Fleischbrühe.

Gerbelsubbe

1 Pfund Kerbel
3 Eier
1 Liter Fleischbrühe
2 Eßlöffel Mehl
Butter, Salz

Der Kerbel wird gelesen, gewaschen, gewiegt und mit etwas Butter und Salz in die Fleischbrühe getan. Man läßt ihn eine Viertelstunde kochen, quirlt das Mehl mit den Eiern zusammen und rührt es in die Suppe.

Sellerie-, Petersilien- und Brunnenkressesuppe wird auf die gleiche Weise bereitet.

Gefillde Gardoffeln

6 große Kartoffeln
400 g gares Kochfleisch
1/2 Liter Brühe
2 Eier
Pfeffer, Salz, 1 Eßlöffel Kartoffelmehl
abgeriebene Zitronenschale

Die Kartoffeln schälen und halb weichkochen. Dann höhlt man sie vorsichtig aus. Das fein gewiegte Fleisch mit einem Ei, Pfeffer, Salz und abgeriebener Zitronenschale zu einem festen Teig kneten und in die hohlen Kartoffeln drücken.

Dann nimmt man die wallende Brühe, läßt die Kartoffeln einige Minuten darin kochen und quirlt es mit einem Ei und Kartoffelmehl ab.

Biersubbe mid Gimmel

3 Scheiben Schwarzbrot
1/2 Liter Bier
Kümmel
1 Eßlöffel Butter
Salz, 1 Teelöffel Zucker

*Man weicht das Brot in Wasser ein. Alsdann
wird das Bier darüber gegossen und mit Kümmel
bei gelindem Feuer eine Weile gekocht.*
*Danach wird gut gequirlt, Butter, Salz und
Zucker dazu getan und angerichtet.*

Wurzelsubbe
mid Eierschdich

1 Wurzelwerk (Suppengrün)
1 Liter Fleischbrühe
2 Eier
1/8 Liter ungesüßte Schlagsahne
Muskat, Salz

Das Suppengrün schneidet man in kleine Würfel und läßt es mit der Brühe weichkochen. In einem kleinen Topf verquirlt man die Schlagsahne, Eier, Muskat und Salz, dies wird in einen größeren Topf mit kochendem Wasser gesetzt, bis es fest ist.

Wenn es steif und verkühlt ist, wird es mit einem Löffel stückweise in die Terrine gelegt und die kochende Brühe darauf gegossen.

Schwarzbrodsubbe

5 Scheiben Schwarzbrot
1 Stange Zimt
1/2 Zitrone
2 Eßlöffel Rosinen
1/2 Liter Weißwein, 1 Teelöffel Zucker

Das Schwarzbrot röstet man im Herd schön braun. Erkaltet wird es in kleine Stücke gebrochen, nebst einer Stange Zimt und etwas abgeriebener Zitronenschale in einen Topf gegeben, 1/2 Liter Wasser darüber gegossen und weichgekocht. Ist dies geschehen, so reibt man es durch ein Sieb, tut die Rosinen, Zucker, dünne Zitronenscheiben und Weißwein hinzu und läßt die Suppe verdeckt bis zum sämigwerden kochen.

Heidelbeersubbe

1 Pfund Heidelbeeren
1 Zimtstange
2 Eßlöffel Butter
4 Eßlöffel Zucker
1 Eßlöffel Kartoffelmehl, Zwieback

*Die Heidelbeeren werden mit Wasser bedeckt
und mit dem Zimt weichgekocht, dann durch ein
Sieb gestrichen, Butter und Zucker hinzugetan und
weiter gekocht.*

*Kochend wird das Kartoffelmehl untergequirlt
und dann mit Zwieback angerichtet.*

Schokoladensubbe

1 Liter Milch
100 g bittere Schokolade
2 Eidotter
1 Teelöffel Kartoffelmehl
Zucker, Zimt, Zwieback

Hierzu läßt man die Milch mit der Schokolade zusammen ein wenig kochen, alsdann werden die 2 Eier und das Kartoffelmehl in Milch gequirlt und dies zur kochenden Schokolade unter beständigem Quirlen gegossen.

Man richtet sie auf Zwieback an.

Abbelsubbe

6 Äpfel
3 Eßlöffel Zucker
Zimt
1 Zitrone
4 Zwiebäcke

Man schält und schneidet die Äpfel in kleine
Stücke, bedeckt sie gerade mit Wasser und läßt sie
weichkochen.
Alsdann schlägt man sie durch ein Sieb. Ferner
gibt man den Zwieback, Zitrone, Zucker und Zimt
dazu und läßt die Suppe wieder aufkochen.

Gerschsubbe

2 Pfund Süßkirschen
2 Eßlöffel Kartoffelmehl
1 Tasse Weißwein, Zucker
1 Stange Zimt, 4 Nelken

Man nimmt abgebeerte Kirschen, wäscht sie und
nimmt die Kerne heraus, gießt Wasser daran und
läßt sie mit Zimt und Nelken eine kleine Stunde
kochen, alsdann schlägt man sie durch ein Sieb,
läßt sie aufkochen und zieht sie mit Kartoffelmehl
ab.
Wein und Zucker kann man nach Belieben
hinzutun und über Zwieback anrichten.

Saure Gardoffelschdiggchen

1 Pfund Rindfleisch zum Kochen
3 Pfund Kartoffeln
1 Glas süß-saure Senfgurken
1 Zwiebel
1 Suppengrün, Pfeffer, Salz

In einen Suppentopf gibt man das Fleisch, die geschälten und kleingeschnittenen Kartoffeln, die Zwiebeln und das Suppengrün, das später wieder herausgenommen wird.

Alsdann schneidet man die Senfgurken in kleine Stücke und schüttet sie mitsamt der Gurkenbrühe über die Kartoffelwürfel. Mit Wasser gießt man das Ganze auf, bis alles gerade bedeckt ist, pfeffert und salzt und läßt das Ganze 2 Stunden kochen, bis die Kartoffelstückchen ganz weich sind.

Danach nimmt man das weiche Fleisch heraus, schneidet es klein und rührt es in die Suppe.

Gardoffelsubbe

300 g Rindfleisch zum Kochen
200 g Rauchspeck durchwachsen
1 große Zwiebel, 2 Pfund Kartoffeln
1 große Sellerieknolle oder eine große Handvoll
Selleriekraut, 2 Möhren, Pfeffer, Salz

Man schält die Kartoffeln, zerschneidet grob den Sellerie oder das Kraut und legt sämtliche Zutaten in einen gehörig großen Suppentopf.

Danach gießt man alles mit Wasser knapp auf und läßt es so lange kochen, bis die Kartoffeln auseinanderfallen und das Fleisch ganz weich ist. Dies nimmt man heraus und legt es beiseite. Das Übrige wird kräftig durchgequirlt, bis eine dicke sämige Suppe entsteht.

Das Fleisch schneidet man klein und legt es zurück in den Topf.

Meerneindobb

1 Pfund Hohe Rippe
1 Pfund Möhren
2 große Zwiebeln
1 Stengel Liebstöckel
Pfeffer, Salz
2 Brühwürfel

Man schneidet die Möhren in kleine Stifte. Alsdann legt man sie mit sämtlichen Zutaten nebst Pfeffer und Salz in einen großen Topf und begießt es bis kurz über die Möhren mit kaltem Wasser, setzt den Topf aufs Feuer, läßt es hochkochen und danach auf kleiner Flamme bei geschlossenem Deckel weichkochen.

Das Fleisch wird herausgenommen und klein geschnitten wieder in den Eintopf gelegt.

Auf gleiche Weise verfährt man mit:

Bohneneindobb (mit Bohnenkraut)

Weißkraudeindobb (mit Kümmel)

Wirsingeindobb (mit Kümmel)

Rosengohleindobb (mit Dill)

Borree-Eindobb (mit Liebstöckel)

Hafergrützsubbe

2 Tassen Hafergrütze
2 Eßlöffel Rosinen
1 Stange Zimt
1 Liter Wasser
Butter
Zucker
1/2 Zitrone
Salz

Die Hafergrütze wird mit Zimt, dem Zitronensaft und Wasser eine Stunde gekocht. Dann streicht man es durch ein grobes Sieb. Das Durchgelaufene gibt man wieder in den Topf, nebst den Rosinen, die man zuvor für sich allein gekocht hat.

Dies wird nun aufgekocht, mit Zucker süß gemacht, Butter und ein wenig Salz hinzugetan und über in Butter gebratenen Semmelwürfeln angerichtet.

Leibzscher Allerlei

1/2 Pfund Möhren
1/2 Pfund Erbsen
1/2 Pfund Spargel
1 Kohlrabi
1 kleiner Blumenkohl
1/2 Pfund Waldpilze oder
eine fette Henne (krause Glucke)
2 Pfund Hohe Rippe
Butter
Pfeffer und Salz

Man setzt die Hohe Rippe mit Pfeffer, Salz und kaltem Wasser auf, soviel man Brühe benötigt. Dann läßt man es kochen, bis das Fleisch weich ist, nimmt es heraus und legt es kleingeschnitten wieder in die Brühe.

Zwischendurch putzt man das Gemüse und zerschneidet es auf folgende Art: Die Möhren und den Kohlrabi in kleine Würfel, den Blumenkohl in Röschen, die Pilze in dünne Scheiben und den Spargel in fingerdicke Scheiben, wobei man die Köpfe abschneidet.

Jedes Gemüse wird in einem eigenen Topf für sich mit Salz, Butter und ein wenig Wasser gar gedünstet. Die Spargelköpfe werden herausgenommmen, derb zerdrückt und in die Brühe gerührt. Die anderen Gemüse gießt man vorsichtig ab und schüttet sie zusammen in die Suppe.

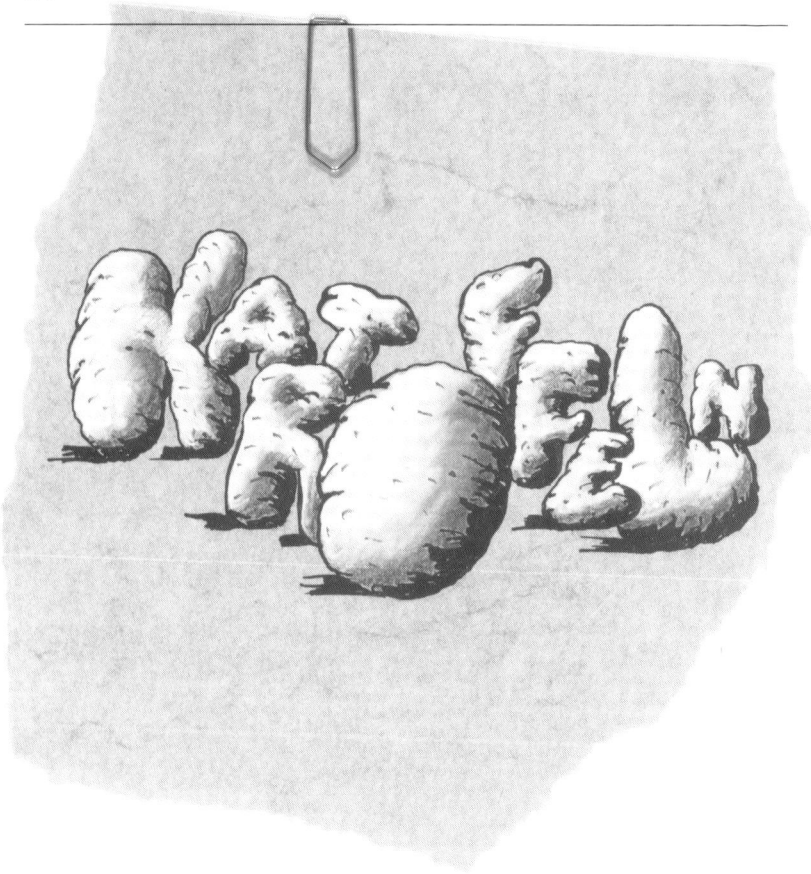

Gardoffelmus

Kartoffeln
Butter
Milch
Dill, Liebstöckel

Man gießt die weichgekochten Kartoffeln ab und rührt so viel heiße Milch darunter, bis eine schöne Masse entsteht. Alsdann gibt man Butter, etwas zerhackten Dill und Liebstöckel dazu und rührt noch einmal kräftig durch.

Auch kann man eine halbe Tasse Rahm dazugeben.

Bradgardoffeln

Kartoffeln
1 große Zwiebel, 1 Gewürzgurke
2 Knoblauchzehen
Butter, Öl, Pfeffer, Salz, Kümmel

Man schält die Kartoffeln, kocht sie halbweich und schneidet sie in Scheiben. In einem Tiegel zerläßt man halb Butter, halb Öl und legt die in großen Scheiben geschnittenen Zwiebeln und den zerdrückten Knoblauch ein. Sofort danach auch die Kartoffelscheiben, die mit Pfeffer, Salz und ein wenig Kümmel bestreut werden.

Auf heftigem Feuer werden die Kartoffeln erst von einer Seite gebraten, alsdann wendet man sie, gibt die kleingeschnittene Gewürzgurke hinzu und brät sie von der anderen Seite.

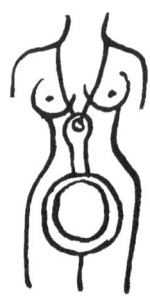

Gräudergardoffeln

Kartoffeln
1 Suppengrün
1 Zwiebel, 2 Gewürzgurken
1 Bund Petersilie, Fleischbrühe

Die geschälten Kartoffeln schneidet man in grobe Stücke und kocht sie mit den übrigen Zutaten in der Fleischbrühe weich. Danach nimmt man sie heraus und gibt sie zu Braten.

Gewürzgardoffeln

kleine rohe Kartoffeln
Maggiwürze
1 Bund Liebstöckel
Pfeffer, Salz, Kümmel, Öl

Die Kartoffeln schält man und schneidet sie in zwei Hälften. Auf einen großen flachen Teller gießt man Maggi, so daß der ganze Boden damit bedeckt ist, lege die Kartoffelhälften mit der Schnittfläche nach unten hinein, streut Pfeffer, Salz, Kümmel und den zerkleinerten Liebstöckel darüber.
Das Ganze läßt man einen Tag durchziehen. Alsdann läßt man in einer großen Pfanne Öl heiß werden und brät die Kartoffeln bei geschlossenem Deckel, bis sie weich sind.

Gardoffelauflauf

1 Pfund gekochte, geriebene Kartoffeln
1 Tasse Rahm
3 Eier, getrennt
Zucker
1/2 Zitrone
Butter

Die geriebenen Kartoffeln werden mit Rahm, Eidottern und Zucker nach Geschmack vermengt, auf dem Feuer einige Minuten gut umgerührt. Dann läßt man sie kalt werden.

Man mischt das Eiweiß hinzu und den Zitronensaft und bäckt die Masse in einer mit Butter bestrichenen Form.

Gardoffelrollade

1 Pfund gekochte, geriebene Kartoffeln
200 g Butter
2 Eier
1 Handvoll gewiegte Petersilie
Salz, Butter

In der geriebenen Kartoffel wird Butter zu Schaum gerührt, die Eier, Petersilie und etwas Salz dazugetan, alles vermengt und kleine Rouladen davon geformt.

Dieselben werden in Butter von beiden Seiten schön braun gebacken.

Gardoffeldorde

1/2 Pfund Butter
4 Eier, getrennt
Kartoffelmehl
je 2 Eßlöffel gehackte süße und bittere Mandeln
Zucker
Butter

Die Butter schlägt man zu Schaum, schlägt die 4 Eidotter unter beständigem Rühren dazu und mengt so viel Kartoffelmehl darunter, bis sich ein trockener Teig bildet.

Man nimmt dann die Mandeln, Zucker nach Geschmack, schlägt das Eiweiß zu Schnee und rührt es dazu, dann bringt man alles in eine mit Butter ausgestrichene Form und bäckt es langsam im Herd.

Gardoffelbumberniggel

1/2 Pfund gekochte, geriebene Kartoffeln
1 Pfund Mehl
4 Eßlöffel Zuckersirup
4 Eßlöffel geschnittene Mandeln
1 Tasse Rosinen
Fenchel, Anis, Butter

Man knetet zuerst Kartoffeln und Mehl zu einem Teig, alsdann kommen die anderen Zutaten hinzu und werden schön vermengt.

Man formt ihn zu einer Rolle und bäckt sie in einer Pfanne von beiden Seiten braun.

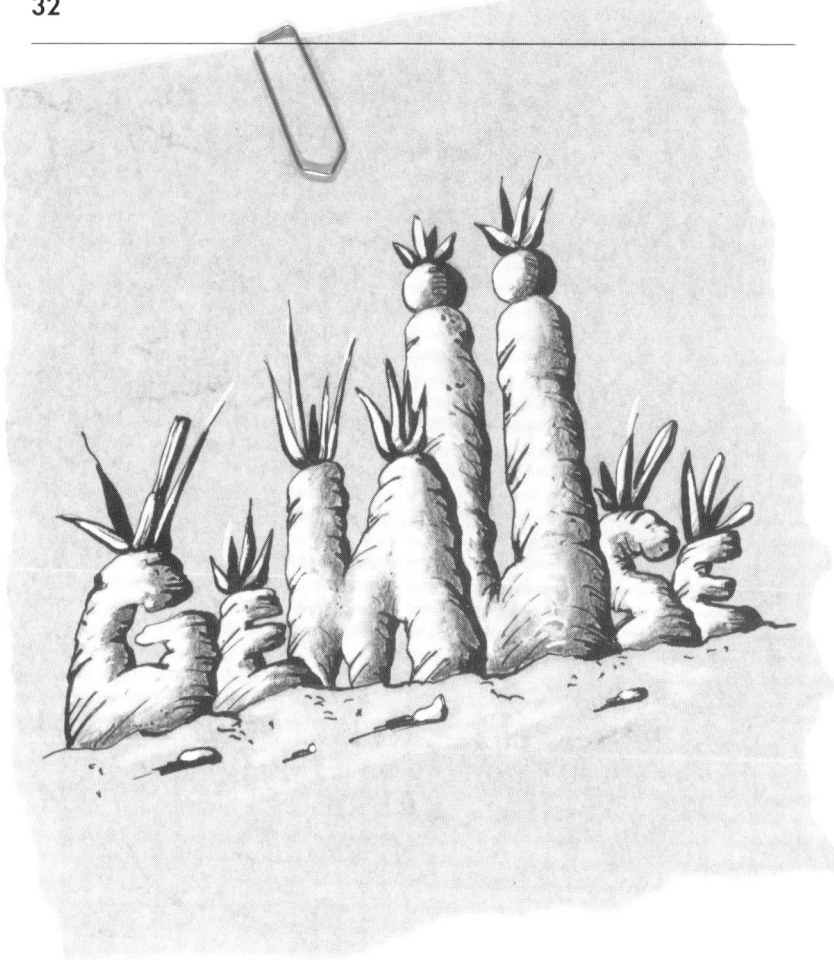

Vochtländsches Graud

1 mittlerer Weißkohl
150 g Speck
6 Eßlöffel Essig
3 Eßlöffel Zucker
2 Eßlöffel helle Konfitüre
Salz (kein Pfeffer!)
3 Eßlöffel Kartoffelmehl

Das Kraut hobelt man in feine Streifen. In einem großen Topf wird der gewürfelte Speck ausgelassen, bis er braun ist, mit dem Kartoffelmehl verrührt und mit 2 Tassen Wasser abgelöscht. Nachdem man Essig, Zucker und Salz hinzugegeben hat, muß die Brühe abgeschmeckt werden. Sie möchte einen sehr kräftigen süß-sauren Geschmack haben.

Wenn alles einmal aufgekocht ist, kommt das Kraut mit der Konfitüre hinein und wird weichgekocht.

Ärbsen

1 Pfund Erbsen
1 Zwiebel
Petersilie
100 g durchwachsenen Speck
Salz

Die Erbsen kocht man in Salzwasser. Sobald sie weich sind, gibt man die zerkleinerte Zwiebel und die gehackte Petersilie dazu und läßt alles zusammen noch einmal aufkochen.

Danach richtet man sie mit dem ausgelassenen Speck an.

Buddermeern

Möhren
Zucker, Salz
1 Eßlöffel Mehl
Butter

Man schneidet die Möhren in Stifte, gibt ein wenig Zucker und Salz daran und läßt sie mit wenig Wasser und Butter gardünsten.

In etwas ausgelassener Butter wird das Mehl gelbbraun geröstet, mit dem Möhrenwasser aufgefüllt, gequirlt und über die Möhren gegossen.

Rodgraud

1 mittlerer Rotkohl
2 Äpfel, 150 g Speck
1/4 Liter Rotwein
6 Eßlöffel Essig, 3 Eßlöffel Zucker
6 Nelken, 2 Eßlöffel Johannisbeerkonfitüre
Salz (kein Pfeffer!)

Das Kraut wird fein gehobelt und in eine Schüssel getan. Darüber gibt man die ungeschälten gewürfelten Äpfel, Essig, Zucker, Nelken, Salz und Rotwein.

Das Ganze läßt man mindestens 1 Tag stehen. Im Topf wird der gewürfelte Speck scharf angebraten, danach vorsichtig das durchgezogene Kraut mit sämtlichen Zutaten und der Konfitüre hineingefügt. Eine Weile wird das Kraut durchgekocht und alsdann noch mit etwas kaltem Wasser nachgegossen, damit es nicht ansetzt.

Dann so lange kochen lassen, bis es weich ist.

Sauergraud

1 Pfund Sauerkraut
100 g Speck
1 Zwiebel
1 Zitrone
1 Teelöfffel Zucker
1 große Kartoffel

Man läßt den gewürfelten Speck aus, bis er braun ist. Danach wird die geschnittene Zwiebel darin glasig gedünstet und das Sauerkraut mit dem Zitronensaft und dem Zucker hinzugegeben.

Etwas Wasser wird noch dazugegossen und alles bei geschlossenem Deckel weichgekocht. Über das Ganze reibt man zum Schluß die rohe Kartoffel, rührt um und läßt es noch einige Minuten ziehen.

Gebradnes Sauergraud

1 Pfund Sauerkraut
1 Zwiebel
Butter

Das Sauerkraut wird mit der geschnittenen Zwiebel unter ständigem Wenden so lange in der heißen Butter gebraten, bis es eine bräunliche Farbe hat und fast trocken ist.

Schbeggbohnen

1 Pfund Bohnen
100 g Speck
1 Bund Bohnenkraut
2 Zwiebeln
Salz

Man putzt die Bohnen und kocht sie in Salzwasser weich. Danach würfelt man den Speck, schneidet die Zwiebel und brät den Speck aus.
Vom Bohnenkraut streift man die Blätter ab und gibt sie mit der zerkleinerten Zwiebel in den Speck. Alsdann gießt man die Bohnen ab und vermischt sie mit dem Übrigen.

Gohl mid Gardoffeln

1/4 Weißkohl
1 Pfund kleine Kartoffeln
Semmelmehl
Butter
Fleischbrühe

Die Kartoffeln werden geschält, in Salzwasser gekocht und in Butter braun gebraten. Hierauf wird der ebenfalls im Ganzen weichgekochte Kohl fein geschnitten und mit Semmelmehl, welches man in Butter geröstet hat, dazugeschüttet, alsdann mit wenig Brühe verdünnt und über die Kartoffeln gelegt.

Griene Bohnen mid Milch

1 Pfund grüne Bohnen
1 Bund Bohnenkraut
1/4 Liter Milch, 1 Tasse saure Sahne
2 Eßlöffel Mehl, Butter, Salz

Die Bohnen schneidet man zur Hälfte klein. Dann werden sie in kochendem Salzwasser weichgekocht und abgegossen.

Das Mehl rührt man in die Sahne und schüttet sie zusammen mit der kochenden Milch, den abgestreiften Bohnenkrautblättern und 1 Eßlöffel Butter unter die Bohnen.

Schbarschel

2 Pfund Spargel
4 Eidotter, 1/2 Zitrone
Butter, 2 Eßlöffel Mehl
Salz, Zucker

Der Spargel wird geschält, in Gebinde gebunden und in Wasser mit wenig Salz, Zucker und Butter gekocht, aber nicht zu weich. Nun legt man die Gebinde in eine Schüssel und gießt die auf folgende Art bereitete Brühe darüber.

Man quirlt das Mehl mit den Eidottern kalt untereinander, dann wird die Spargelbrühe bei beständigem Quirlen dazugegossen und mit der Zitrone abgeschmeckt.

Schbinad

1 Pfund frischer Spinat
Fleischbrühe
1 Zwiebel
geriebene Semmel
1 Eßlöffel Mehl
Butter

Der Spinat wird gelesen, gewaschen und in kochendem Wasser eine Viertelstunde gekocht, umgerührt, dann in eine Schüssel gegeben, mit den Händen das Wasser ausgedrückt und auf einem Brett fein gewiegt.

Dann wird geriebene Semmel und kleingeschnittene Zwiebel mit dem Mehl in Butter geröstet, zusammen in einen Topf getan, mit etwas Brühe angefüllt und über den Spinat gegossen.

Auf die gleiche Art kann man auch mit Grünen Bohnen, Kohlrabi, Sellerie, Zwiebeln und Möhren verfahren.

Schbeggschdibbe

100 g Speck
2 Eßlöffel Mehl
1 Senfgurke
1/4 Liter saure Sahne
1/2 Zitrone
Pfeffer, Salz, Zucker

Man brät den fein gewürfelten Speck aus, läßt dann das Mehl im Fett binden und gießt mit der sauren Sahne auf. Unter ständigem Quirlen wird das Wasser nachgegossen, bis die Soße dick ist.

Nun gibt man die Zitrone, Pfeffer, Salz und ein wenig Zucker hinzu.

Zidronensoße

1/2 Pfund Butter
2 Hände geriebene Semmel
1 Zitrone
1 Glas Weißwein
1 Tasse Fleischbrühe

Die Butter wird im Topf warm gemacht, bis sie steigt, dann gebe man die geriebene Semmel dazu und lasse es eine Weile schmoren.

Alsdann kommt die Zitrone, der Wein und so viel Brühe dazu, daß es eine sämige Soße wird.

Meerreddichsoße

1 Stange Meerrettich
1/4 Liter Fleischbrühe
1 Tasse geriebene Semmel
2 Eidotter

Man reibt den Meerrettich recht fein, dann wird er mit kochender Fleischbrühe übergossen und gekocht. Sodann wird geriebene Semmel dazugegeben, die man noch ein wenig anziehen läßt.

Nun wird die Soße mit 2 Eidottern abgequirlt. Je länger der Meerrettich kocht, desto mehr verliert er an Schärfe.

Braune Soße

1 Scheibe Pumpernickel
1 Eßlöffel Mehl
1/4 Liter Fleischbrühe
Wein, 1 Zitrone
1 Stück Zucker, 4 Nelken, Kardamom

Das Brot wird fein gekrümelt und das Mehl darunter gemengt, in Butter braun geschmort. Alsdann wird Fleischbrühe dazugegossen, die man ein wenig kochen läßt. Nun wird etwas Wein, der Saft der Zitrone und ein Stückchen Zucker hineingegeben alles läßt man etwas ziehen.

Vorm Anrichten rührt man ein paar gestoßene Nelken und Kardamom dazu.

Bedersiliensoße

1 Bund Petersilie
1 Tasse geriebene Semmel
1/4 Liter Fleischbrühe
Butter
Pfeffer, Salz

Die fein gehackte und gewiegte Petersilie wird in Fleischbrühe gekocht. Dann wird geriebene Semmel in Butter geröstet und dazugegeben und alsdann dicklich eingekocht.

Zwiewwelsoße

2 große Zwiebeln
1 Tasse geriebene Semmel
1/4 Liter Fleischbrühe
Kümmel
Pfeffer, Salz

Man schneidet die Zwiebel in Ringe und kocht sie mit etwas Kümmel in der Fleischbrühe gar.
Dann gibt man die geriebene Semmel hinzu und kocht so lange, bis es eine dickliche Brühe gibt.

Rosinensoße

1 kleine Tasse Rosinen
1/4 Liter Fleischbrühe
2 Eßlöffel Mehl
Butter, Weißwein, 1 Zitrone
Nelken, Lorbeerblatt, Zucker
geriebener Pfefferkuchen

Die Rosinen werden gelesen, gewaschen und in Fleischbrühe gekocht.

Dann röstet man das Mehl in Butter, gibt etwas Wein, den Zitronensaft, Nelken, Lorbeerblatt, etwas Zucker und den gerösteten Pfefferkuchen dazu und läßt alles zusammen gut durchkochen.

Gimmelsoße

1 kleiner Teelöffel Kümmel
1/4 Liter Fleischbrühe
1 Tasse geriebene Semmel
Butter

Es wird der Kümmel in der Fleischbrühe aufgekocht, dann die in Butter geröstete geriebene Semmel hinzugegeben und ein wenig aufgekocht.

Häringssoße

1 Salzhering
1 Zwiebel
2 Eßlöffel Mehl
1/4 Liter Fleischbrühe
1/2 Zitrone
Butter

Wenn der Hering 3 Stunden gewässert hat, schält man ihn, grätet ihn aus und wiegt ihn nebst einer Zwiebel recht fein.

Nun wird das Mehl in Butter geröstet und mit kalter Brühe verdünnt, alsdann der Hering mit etwas Zitronensaft hinzugegeben, alles läßt man ein wenig ziehen.

Sardellensoße

8 Sardellen, 1 Zwiebel
4 Eidotter, 1 Eßlöffel Mehl
etwas Weißwein
1/4 Liter Fleischbrühe
Butter, Pfeffer, Salz

Man wiegt die Sardellen und die Zwiebel ganz fein, nimmt etwas Butter, 4 Eidotter, Mehl, Wein und Fleischbrühe und rührt alles unter gelindem Feuer zu einer dicklichen Brühe zusammen.

Mit Pfeffer und Salz abschmecken.

Pflaumenmussoße

1/2 Pfund Pflaumenmus
Butter
1 Stange Zimt
Nelken, Zucker

Das Pflaumenmus quirlt man mit etwas Essig und 2 Tassen Wasser, gibt ein wenig Butter, Nelken, Zimt und viel Zucker hinzu und läßt es gut aufkochen.

Weinsoße

4 Eier
1 Löffel Kartoffelmehl
2 Eßlöffel Zucker
1/2 Liter Weißwein

Man quirlt die Eier, Kartoffelmehl, Zucker und den Wein in einem Topf durcheinander, setzt dann den Topf über das Feuer und quirlt immerfort, bis es dick wird.

Wenn die Soße zu schnell dick wird, gießt man noch etwas kalten Wein hinzu.

Sie wird zu Mehlspeisen gegeben.

Senfsoße

1 Zwiebel, 2 Eßlöffel Mehl
2 Eßlöffel Senf, Fleischbrühe
1/2 Zitrone, Essig, Zucker, Butter
Salz, Lorbeerblätter

Die geschnittene Zwiebel brät man in Butter mit dem Mehl hellbraun, gießt etwas Fleischbrühe darauf, gibt einige Zitronenscheiben, Salz und Lorbeerblätter dazu, schmeckt mit Zucker und Essig ab und rührt zum Schluß den Senf unter.

Himbeersoße

1 Pfund Himbeeren
Zucker, 1 Eßlöffel Kartoffelmehl
1 Stange Zimt, Rotwein

Die Himbeeren werden roh durch ein grobes Sieb gedrückt und mit etwas Wasser, etwas Wein, Zucker und Zimt gekocht.
Die Soße wird, wenn sie kocht, mit Kartoffelmehl abgezogen und zu Mehlspeisen gegeben.
Johannisbeersoße bereitet man auf die gleiche Art.

Wiggelgleese

1 Pfund Mehl
1/4 Liter Milch
3 Eier
Butter
2 Tassen geriebene Semmel
Salz

Man quirlt die Milch mit den Eiern zusammen und knetet mit dem Mehl einen nicht allzu festen Teig.

Dann rollt man den Teig dünn aus und bestreicht ihn mit der in Butter gerösteten geriebenen Semmel, rollt ihn zu einer Rolle, schneidet handbreite Stücke und kocht sie in Salzwasser schnell weich.

Rahmgleese

3 Pfund Kartoffeln
1/4 Liter Sauerrahm, 5 Eier
1 Semmel, 1/2 Pfund Mehl, Butter, Salz

Man kocht die geschälten Kartoffeln in Salzwasser am Vortage weich.

Dann reibt man sie fein, fügt den Rahm, die 5 Eier und das Mehl hinzu, knetet alles und formt Klöße davon, in die man die in Butter gerösteten Semmelwürfel gibt. In Salzwasser kocht man sie gar.

Feine Mählgleese

1/2 Pfund Mehl
1/4 Liter Sauerrahm
30 g Butter
4 Eier, Salz
Fleischbrühe

Man macht den Rahm und die Butter kochend, gibt das Mehl hinein, rührt es so lange, bis es ganz fest ist und sich vom Löffel und Topf löst.

Ist dieses erkaltet, fügt man die Eier und Salz hinzu, formt kleine Klöße und kocht sie in Fleischbrühe weich.

Griene Gleeße

Ein halber Eimer Kartoffeln
1 Tasse Grieß
Salz
2 Brötchen

Die Kartoffeln schält man und reibt sie auf einer groben Reibe in eine große Schüssel. Danach wird die Masse Kelle für Kelle durch ein Leinensäckchen gedrückt, bis sie trocken ist. Inzwischen würfelt man das Brötchen und brät es in viel Butter dunkelbraun.

Den Grieß quirlt man in wenig Wasser an und gießt ihn in kochendes Wasser, wobei unter ständigem Rühren ein dicker Grießbrei entstehen muß. Dieser wird mit wenig Salz in der Kartoffelmasse verknetet. Mit nassen Händen formt man schöne, große Klöße, drückt 2 Brötchenwürfel hinein und läßt sie in siedendem Wasser so lange kochen, bis sie aufsteigen.

Rindsbraden

2 Pfund Rindfleisch
200 g Speck
1 Zwiebel
1 Petersilienwurzel, Sellerie
1 Möhre
1/2 Zitrone
1 Lorbeerblatt
1 Brotrinde
Pfeffer, Salz
1 Eßlöffel Honig
Butter, Öl

Das Rindfleisch pfeffert und salzt man von beiden Seiten, dann schneidet man den Speck in dünne Scheiben, legt eine Hälfte davon in den Bratentopf und die andere auf das Fleisch. Halb und halb Butter und Öl läßt man zusammen mit dem Honig im Topf heiß werden, legt das Fleisch hinein und brät es von einer Seite schön braun.

Dann wendet man den Braten, legt die halbierte Zwiebel, die Mohre, Petersilienwurzel und Sellerie dazu und läßt die andere Seite braun werden.

Ist dies geschehen, kommen die Zitronenscheiben, Lorbeerblatt und Brotrinde hinzu, mit etwas Wasser aufgegossen und wieder etwas einkochen lassen. Nun gießt man so viel kaltes Wasser hinzu, wie man Soße braucht und läßt bei niedrigem Feuer und geschlossenem Deckel den Braten weich werden.

Rahmbraden

2 Pfund schieres Rindfleisch
200 g Speck
1/2 Liter Sauerrahm
1 Suppengrün, Pfeffer, Salz

Das Fleisch wird von allen Seiten gesalzen und gepfeffert. Der Speck wird in dünne Scheiben geschnitten, auf den Boden des Topfes gelegt und ausgelassen. Alsdann das Fleisch darauf und von einer Seite braun gebraten und gewendet.

Das Suppengrün legt man dazu und läßt es mitschmoren. Dann gießt man wenig Wasser hinzu und läßt das Fleisch weichkochen.

Das Fleisch wird herausgenommen, die Bratensoße bis zum Satz zurückgekocht und mit dem Rahm verrührt. Das Fleisch schneidet man in dicke Scheiben und legt es wieder in den Topf.

Alsdann wird noch einmal kurz aufgekocht und mit Zitrone und Zucker abgeschmeckt.

Sauerbraden

2 Pfund durchwachsenes Rindfleisch
2 Eßlöffel Rosinen, 1 große Zwiebel
5 Nelken, 2 Lorbeerblätter, 5 Wacholderbeeren
8 Eßlöffel Kräuteressig, 1 Liter Wasser
Pfeffer, Salz, Butter, Öl, 1 Eßlöffel Honig
1 Scheibe Pumpernickel oder Pfefferkuchen

Man legt das Fleisch in eine tiefe Schüssel, gibt die geschnittenne Zwiebel, Rosinen, Nelken, Lorbeerblätter, Pfeffer und Salz dazu und gießt mit dem kochenden Essigwasser auf, so daß das Fleisch ganz bedeckt ist. Dieses lasse man mindestens zwei Tage stehen.

Danach nimmt man das Fleisch heraus, trockne es mit einem Tuch und brate es in heißer Butter, Öl und Honig von beiden Seiten recht braun. Danach gibt man etwas von der Brühe ohne Nelken und Lorbeerblatt hinzu und lasse es einkochen.

Nun gießt man wieder auf, so viel, wie man Soße haben möchte, legt den Pumpernickel dazu und läßt bei geschlossenem Deckel auf kleinem Feuer so lange kochen, bis das Fleisch gabelgriffig ist.

Gebaggene Gälberfieße

Kälberfüße, Eier, geriebene Semmel, Butter
2 Bund Petersilie, 2 Lorbeerblätter, Pfeffer, Salz

Die Füße werden in Wasser mit Pfeffer, Salz und Lorbeerblättern weichgekocht, die Knochen herausgebrochen.

Nachdem man das Wasser ablaufen ließ, wendet man sie in geschlagenem Ei, bestreut sie mit der geriebenen Semmel und bäckt sie in Butter.

Gänseläber

Gänseleber, Gänsefett
Mehl, 1 Zwiebel, 2 Nelken, Salz

Die Leber salzt man, wendet sie in Mehl um und läßt sie mit der Zwiebel und den Nelken im heißen Gänsefett braten.

Galbsfriggasseh

2 Pfund Kalbsbrust
3 Eidotter
4 Eßlöffel Mehl
1 Tasse Weißwein
1 Suppengrün
1 Handvoll Majoran, Thymian, Estragon
Pfeffer, Salz

Man nimmt zum Frikassee gewöhnlich eine fette Brust und läßt sie mit Pfeffer, Salz und Suppengrün 1 Stunde kochen. Alsdann wird sie herausgenommen, in beliebige Stücke geschnitten und wieder in die Brühe gelegt. In einem Leinensäckchen wird Majoran, Thymian und Estragon noch eine halbe Stunde mitgekocht. Dann läßt man es kalt werden.

Hierauf quirlt man Eidotter und Mehl in Weißwein in einem anderen Topf, gießt unter beständigem Quirlen Brühe von dem Fleisch dazu, so viel als man nötig hat, und legt das Fleisch wieder hinein. Man kann es auch mit Zitrone abschmecken.

Galbfleisch mid Meijoran

2 Pfund Kalbfleisch
1 Tasse geriebene Semmel
2 Eßlöffel Majoran
1 Semmel, Butter, Salz, Pfeffer

Das Kalbfleisch wird mit Pfeffer und Salz in Wasser weichgekocht und alsdann herausgenommen.

Die geriebene Semmel wird in Butter recht braun geröstet, der Majoran nebst etwas Brühe dazugegeben und verrührt. Dann wird die Semmel in Würfel geschnitten und in Butter geröstet. Das Fleisch wird mit der Soße serviert und mit gerösteten Semmelwürfeln bestreut.

Gedämbfde Galbsläber

1 Pfund Kalbsleber
100 g Speck, 1 Zwiebel
1/2 Zitrone, Butter, Pfeffer, Salz

Man häutet die Leber, pfeffert und salzt sie und durchsteckt sie gehörig mit grobem Speck. Nun wird ein Schmortiegel genommen, etwas Butter, eine Zwiebel, mit Nelken besteckt und ein paar kleine Scheiben Zitrone hineingegeben.

Hierauf man ein paar Stückchen Holz in den Tiegel, legt die Leber darauf, daß sie von unten nicht anbrennt und läßt sie bei gelindem Feuer langsam dämpfen, doch muß sie einmal umgewendet werden.

Gefillde Schnidsel

4 Schnitzel, 100 g Leberwurst
1 Eßlöffel Schnittlauch
1 Eßlöffel gehackte Petersilie
2 Knoblauchzehen, 1 Teelöffel Senf
Pfeffer, Salz, Butter, Öl

*Man mischt die Leberwurst, den Schnittlauch,
die Petersilie, die zerdrückte Knoblauchzehe und
den Senf zu einer Masse, schneidet alsdann Taschen
in die Schnitzel, füllt die Masse hinein, steckt sie
wieder zusammen und brät sie in halb Butter und
halb Öl von beiden Seiten schön braun.*

Zunge mid Rosinensoße

1 Rinderzunge
1 Suppengrün, 1 Tasse Rosinen
1 Tasse geriebene Semmel
1 Eßlöffel Kapern, 1 Zitrone, Zucker, Butter
Pfeffer, Salz

Die Zunge muß man mit dem Suppengrün, Pfeffer und Salz 4 bis 5 Stunden kochen.

Dann werden die Rosinen weichgekocht und herausgenommen. Alsdann wird geriebene Semmel in Butter geschmort, die Rosinen werden hinzugegeben und mit der Zungenbrühe aufgegossen, bis eine sämige Soße entsteht.

Kurz vor dem Anrichten gibt man erst die Kapern hinzu, drückt den Saft der Zitrone hinein und schmeckt mit Zucker ab.

Sülzgodledd

3 Pfund Kotelett im Ganzen
1 Suppengrün
2 Eier
4 saure Gurken
2 Zwiebeln
Essig, Zucker, Pfeffer, Salz
2 Blätter Gelatine

Man kocht das ganze Fleisch mit den Knochen, mit Suppengrün, 1 Zwiebel, Pfeffer und Salz recht weich. Danach weicht man die Gelatine ein und verrührt sie mit der kochenden Brühe, etwas Essig und Zucker nach Geschmack.

In eine Königskuchenform gießt man einen Finger hoch Brühe und läßt sie steif werden.

Danach legt man das von den Knochen befreite Fleisch darauf und gießt die restliche Brühe darüber, so daß sie etwas über dem Fleisch steht. 2 hartgekochte Eier, 1 Zwiebel und 4 saure Gurken würfelt man recht fein, vermischt sie miteinander und häuft sie auf das gestürzte Sülzkotelett.

Schweinebraden

1 Schweinskeule
1 Zwiebel
1 Stange Zimt, 10 Nelken
Butter
1 Eßlöffel Honig
Pfeffer, Salz

Die Keule wird gepfeffert und gesalzen und mit Zimt und Nelken gespickt.

Im Topf läßt man die Butter und den Honig heiß werden und brät das Fleisch mit der Zwiebel von allen Seiten schön braun. Wenn es gewendet ist, schneidet man die Schwarte würfelig und läßt es mit Wasser bei geschlossenem Deckel gar werden. Ab und zu gießt man etwas Soße über das Fleisch.

Wenn es gut ist, streut man geriebene Semmel darüber.

Gerollder Rinderbraden

4 Pfund Hohe Rippe
1/4 Pfund Schinken
3 Eier
1 Tasse geriebene Semmel
100 g Speck
1 Suppengrün
1/2 Liter Fleischbrühe
Zitronenschale, Zwiebel, 5 Nelken
Pfeffer, Salz, Butter

Die Knochen löst man aus und klopft das Fleisch ganz breit.

Danach wiegt man den Schinken und den Speck ganz fein, gibt die 3 Eier, Pfeffer, Salz, etwas geriebene Zitronenschale, geschnittene Zwiebel und zerstoßene Nelken nebst der geriebenen Semmel hinzu und macht eine schöne Masse. Diese streicht man auf das Fleisch, rollt es zusammen, schnürt es gut und läßt es in heißer Butter von allen Seiten bräunen.

Dann gibt man das Suppengrün und etwa 2 Tassen Fleischbrühe hinzu und läßt alles im geschlossenen Topf gar werden.

Gogosglobbse

1 Pfund Hackfleisch
1 Scheibe Schwarzbrot
1 Zwiebel
2 Knoblauchzehen
1 Teelöffel Majoran
1 Suppenwürfel
1 Tasse Kokosflocken
1 Ei, Öl, Pfeffer, Salz

Man weicht das Schwarzbrot in Wasser ein und zerdrückt den Suppenwürfel in ganz wenig Wasser.
Danach drückt man aus dem gequollenen Brot nicht alles Wasser heraus und gibt es mit dem Brühwürfel, der gehackten Zwiebel, dem zerdrückten Knoblauch, einem Ei, dem Majoran nebst Pfeffer und Salz zu dem Hackfleisch und menge alles schön durcheinander.
Alsdann formt man runde Klopse, wälzt sie von allen Seiten in den Kokosflocken und läßt sie in heißem Öl braun braten.

Graudwiggel

1 Wirsingkohl
1/2 Pfund Hackfleisch
1/2 Pfund Schabefleisch
1 Ei, 1 Zwiebel, 1 Handvoll Pilze
1 Scheibe Pumpernickel
Pfeffer, Salz
1 Eßlöffel Honig, Öl

Den Kohlkopf kocht man einige Minuten im Wasser weich und schneidet so viele Blätter ab, wie man braucht, für jeden Krautwickel 2 Stück. Das Fleisch vermengt man mit dem eingeweichten Pumpernickel, Ei, Pfeffer und Salz. Auf ein Kohlblatt legt man 2 Eßlöffel Hackfleisch, nicht mehr, wickelt es eng ein, wickelt noch ein Krautblatt dagegen und schlägt festen Zwirn ganz fest darum. Die Krautwickel müssen schön klein sein.

Im Topf macht man Öl und Honig heiß und läßt die Wickel von beiden Seiten recht braun braten. Alsdann kommen die geschnittenen Pilze und Zwiebel hinzu.

Mit Wasser aufgegossen, läßt man alles bei kleinem Feuer eine knappe Stunde ziehen. Auch kann man die Soße mit etwas Kartoffelmehl abziehen.

Gefülldes Graud

1 großes Weißkraut
1 kg Hackfleisch
2 Eier
1 Handvoll Pilze
1 Zwiebel
1 Suppengrün
1 Teelöffel Thymian, Sojasoße
Pfeffer, Salz, Butter, Öl

Man kocht das ganze Kraut kurz ab, nimmt es heraus und schneidet sehr tief den Strunk aus. Danach löst man vorsichtig von innen Lage für Lage der Kohlblätter, bis man noch eine dicke Hülle Kraut hat.

Das Hackfleisch vermengt man mit Ei, zerkleinerten Zwiebeln, Thymian, Pfeffer und Salz und füllt es in das ausgehöhlte Kraut. Im Topf zerläßt man Butter und Öl und legt das Kraut mit der Öffnung nach unten hinein, gibt die Zwiebel, die Sojasoße, das Suppengrün und die Pilze hinzu, gieße etwas Wasser auf und läßt es weichziehen.

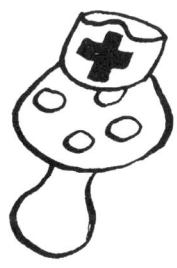

Gefüllder Sellerie

4 Sellerieknollen
1/2 Pfund Schinken
1/2 Pfund Schweizer Käse
1/4 Liter Sauerrahm
1 Zitrone, 1 Zwiebel
je 1 Teelöffel Thymian, Basilikum, Dill
Öl, Pfeffer, Salz

Den Sellerie kocht man im Ganzen halbweich, nimmt ihn heraus, läßt ihn abtropfen und träufelt Zitrone darüber.

Alsdann wiegt man den Schinken und Käse fein, vermengt die Masse mit Thymian und Basilikum und füllt sie in die ausgehöhlten Sellerieknollen. In einem Topf erhitzt man das Öl, bräunt die Zwiebel darin, gießt mit der Sahne auf und gibt Dill, Pfeffer und Salz dazu.

Ist alles aufgekocht, setzt man den Sellerie hinein und läßt ihn weichziehen.

Gaßler mid Graud

1 kleines Weißkraut
1 Pfund Kaßlerkotelett
1/4 Pfund Schweizer Käse
1 Zwiebel
4 Nelken
1 Eßlöffel Sojasoße
1/4 Liter saure Sahne
Öl, Pfeffer, Salz

Das Kraut schneidet man in breite, den Kaßler in ganz dünne Streifen. Dann wendet man Kaßler und Kohl zusammen in dem heißen Öl so lange, bis der Kohl nicht mehr steif ist.

Danach gibt man die zerkleinerte Zwiebel, Nelken, Sojasoße und Sahne dazu und läßt es so lange kochen, bis der Kaßler weich ist. Nun wird der kleingeschnittene Käse untergerührt, bis er sich aufgelöst hat.

Sauergraud mid Gaßler

1 Pfund Sauerkraut
1 Pfund Kaßlerkamm
1 Zitrone
1 Handvoll Pilze
1/4 Liter saure Sahne
1 Zwiebel
1 Möhre
1 Apfel (geschält)

Man gibt alles zusammen im Ganzen in einen Topf, gießt etwas Wasser auf und läßt auf gelindem Feuer mindestens 3 Stunden ziehen.

Danach nimmt man das Fleisch heraus, löst es vom Knochen, schneidet es klein und gibt es wieder hinein. Ein paarmal wieder aufgewärmt, schmeckt es immer besser.

Gaßler - Röllchen

2 Pfund Kasslerkotelett,
1/2 Pfund Champignons
1/8 Liter saure Sahne, 3 Zwiebeln,
1 Eßlöffel Honig, Öl

Den Kaßler löst man vorsichtig vom Knochen und schneidet ihn in halbfingerdicke Scheiben. Danach legt man auf jede Scheibe einen Champignon und ein kleines Stückchen Zwiebel, rollt sie ganz eng zusammen, ohne Faden, und brät sie in dem heißen Öl und Honig von beiden Seiten schön braun. Alsdann gießt man die Sahne darüber und läßt bei gelindem Feuer garziehen.

Saure Eier

Eier (für jeden zwei)
100 g Speck
3 Eßlöffel Mehl
Fleischbrühe
1 Zitrone
Pfeffer, Salz, Zucker

Den gewürfelten Speck zerläßt man schön braun, rührt mit Mehl an und füllt nach und nach mit kalter Brühe auf, bis man eine dicke Soße hat.

Danach gibt man den Zitronensaft, Pfeffer und Salz dazu und schmeckt mit Zucker ab. In kochendes Essigwasser läßt man nach und nach die Eier hineingleiten, bis das Eiweiß gestockt ist. Diese legt man dann in die Soße.

Gaßlerbraden

2 Pfund Kaßlerkamm mit Knochen
1 Flasche Malzbier, 2 Zwiebeln, 10 Nelken
1 Lebkuchen, 1 Teelöffel Zucker, Butter

Den Kamm spickt man an der Oberseite mit den Nelken und streut ein wenig Zucker darüber. Im Topf das Öl heiß werden lassen, das Fleisch mit der Unterseite hineinlegen und die ganzen Zwiebeln dazugeben, schön braun werden lassen und das Malzbier übergießen.

Nach einer Weile den Lebkuchen einstreuen und gar werden lassen.

Schwein mid Bohnenreis

1 Pfund Schnitzelfleisch
2 große Zwiebeln
Majoran, Kümmel, Thymian, Pfeffer, Salz
Sojasoße
Öl
1/2 Pfund grüne Bohnen
100 g Speck
1 Tasse Reis

Man schneidet das Fleisch in ganz dünne lange Streifen, die Zwiebel in Ringe und brät es unter heftigem Feuer in heißem Öl von allen Seiten.

1 Messerspitze Kümmel, Majoran, Thymian, Pfeffer und Salz kommen dazu, auch noch ein paar Spritzer Sojasoße. Wenn alles unter ständigem Rühren schön angezogen ist, kocht man den Reis in Salzwasser weich und gießt ihn ab. Der gewürfelte Speck wird ausgelassen und die gekochten und abgetropften Bohnen werden mit dem Speck übergossen.

Diese Bohnen vermischt man mit dem Reis und gibt ihn zum Fleisch.

Ribbchen

3 Pfund Schweinerippchen (Schälrippchen)
1 Zwiebel
1/2 Glas Senf
6 große Knoblauchzehen
3 Eßlöffel Honig
Pfeffer, Salz

Die Rippchen legt man schön breit auf den Tisch und salzt und pfeffert sie.

Danach mischt man den Senf, zerdrückten Knoblauch und den Honig zu einer Masse zusammen. Diese streicht man dick auf die Rippchen. In heißem Öl werden sie nun nacheinander von beiden Seiten braun gebraten. Wenn man alle Rippchen durchhat, kommen sie wieder in den Topf mit der Zwiebel und man gießt mit Wasser bis zur Hälfte auf. Bei geschlossenem Topf müssen sie ganz weich werden.

Danach entfernt man alle Knochen.

Gardoffelfleisch

3 Schweinekoteletts
3 Kartoffeln
2 Zwiebeln
1/2 Tasse Rote-Rüben-Salat
1 Teelöffel Senf
1 Teelöffel Majoran
Pfeffer, Salz

Die Koteletts löst man von den Knochen und schneidet sie in ganz kleine Stücke, die dann mit dem Wiegemesser noch mehr zerkleinert werden.

Die Kartoffeln schält und reibt man in grobe Fasern und vermengt sie mit dem Fleisch. Dann mischt man die kleingeschnittene Zwiebel und geschnittene Rote Rübe nebst Senf, Majoran, Pfeffer und Salz dazu. Dieses wird in heißem Öl unter ständigem Wenden durchgebraten.

Man schneidet dann noch eine Zwiebel in dünne Ringe und legt sie roh darüber.

Schdreuselfleisch

1 Pfund schieres Rindfleisch
2 sehr große Zwiebeln
1 große Gewürzgurke
4 Knoblauchzehen
1 Tasse Rahm
Öl, Pfeffer, Salz

Man schneidet das Fleisch, Zwiebeln, Knoblauch und Gurke in Stückchen und vermengt sie zusammen in einer Schüssel. Dann nimmt man nacheinander immer eine Handvoll von der Masse und wiegt sie mit dem Wiegemesser noch kleiner.

Danach alles in heißem Öl unter ständigem Rühren so lange braten, bis es Farbe angenommen hat. Alsdann gibt man die Sahne dazu, läßt alles höchstens 10 Minuten ziehen und serviert es mit Reis.

Grünes Fileh

2 Pfund Filet vom Rind
200 g durchwachsenen Speck
2 Hände voll frischer Kräuter (Petersilie,
Basilikum, Bohnenkraut, Estragon, Dill,
Liebstöckel)
1 Tasse geriebene Semmel, 2 Zwiebeln
1/2 Liter Rotwein
Butter, Öl

*Den Speck schneidet man in dünne Scheiben und
legt mit der einen Hälfte davon den Topf aus. Das
Filet pfeffert und salzt man und bestreicht es mit Öl.*

*Alsdann wird es in den heißen Topf gelegt, Kräu-
ter, Zwiebel und den Speck wiegt man fein und legt
alles auf die Oberseite des Fleisches. Darauf wird
geriebene Semmel gestreut und mit den Fingern
schön fest gedrückt.*

*Man läßt es braun braten, gießt dann den Rot-
wein hinzu und läßt bei geschlossenem Topfdeckel
garziehen.*

Gefüllde Drudhenne

1 Truthenne
1 Pfund Speck
3 Eier
je 1 Tasse Butter, Rosinen,
gestoßene süße Mandeln, geriebene Semmel
Muskat, Salz

Die Truthenne spickt man an Brust und Keulen schön mit Speck und salzt sie. Alsdann vermischt man Butter, Rosinen, Mandeln, geriebene Semmel, rührt alles durcheinander und füllt die Henne damit, wonach sie zusammengesteckt wird.

In heißem Öl wird sie unter öfterem Begießen braun gebraten.

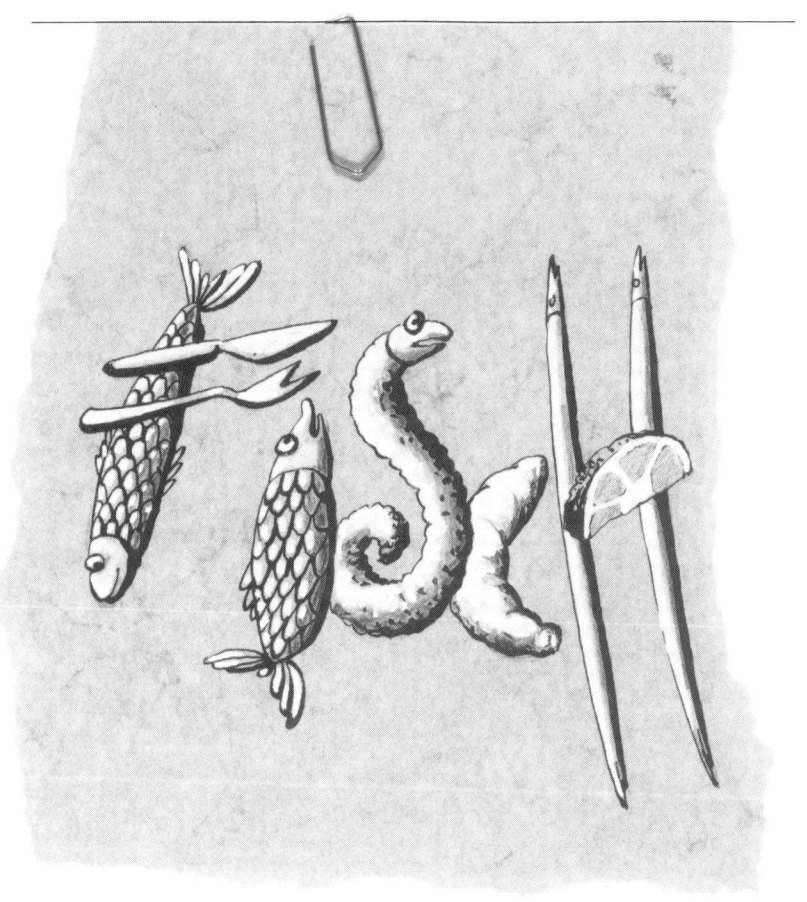

Vochtländscher Garbfen

1 Karpfen
1/2 Liter Malzbier
1/2 Liter Wasser
4 Zwiebeln, 2 Eßlöffel Butter
1 Teelöffel Zucker, 1 Brotrinde
3 Lorbeerblätter, Pfeffer, Salz

Man schuppt den Karpfen und schneidet ihn in große Stücke, gibt in den Topf zerschnittene Zwiebel, Lorbeerblätter, Piment und Salz und legt die Karpfenstücke darauf. Hierauf begießt man mit Malzbier und Wasser, läßt alles aufkochen und gibt dann die Butter, Zucker und die Brotrinde hinzu.

Man läßt es eine Dreiviertelstunde kochen.

Garbfen in Budder gebaggen

1 Karpfen
Mehl, Grieß, Butter, Salz

Ist der Karpfen geschuppt und in Stücke geschnitten, wird jedes Stück inwendig mit Salz eingerieben und in eine Schüssel gelegt, dort bleibt es eine Stunde zugedeckt stehen. Nachher wird das Schleimige mit einem reinen Läppchen wieder gut abgewischt.

Mehl wird mit Grieß vermengt, darin werden die Stücke gewälzt und in heißer Butter schön knorplig gebacken.

Marinierder Häring

6 Salzheringe
1/2 Liter Milch
3 Eßlöffel saure Sahne
1/2 Apfel
4 Zwiebeln
4 Gewürzgurken
4 Lorbeerblätter
je 1 Teelöffel Piment und Pfefferkörner
4 Eßlöffel Essig, eine Prise Zucker
2 Eßlöffel Öl

Die Heringe nimmt man aus und wässert sie 8 Stunden. Dann spült man sie gründlich ab, zieht die Mittelgräte und häutet sie. Nun verquirlt man in einer großen Schüssel Milch und Sahne.

Man schneidet die Gurke in hauchdünne Scheiben, raspelt den Apfel und legt alles hinein. Dann schneidet man die Zwiebeln in Ringe, wobei man ein Viertel davon roh in die Schüssel gibt und den anderen Teil in kräftigem Essigwasser mit Zucker ganz kurz aufkochen läßt. Nun kommen diese Zwiebeln ohne das Essigwasser in die Milch nebst Lorbeerblättern, Piment, Pfefferkörnern und Öl.

Am Schluß legt man die Heringsfilets hinein und läßt alles einen Tag ziehen.

Bradhäringe

6 grüne Heringe
Mehl
2 Eier
geriebene Semmel
1 Tasse Essig
2 Lorbeerblätter
1 Zitrone
4 Zwiebeln, Pfeffer, Salz, Zucker
Öl

Die Heringe nimmt man aus, wäscht sie sauber, schneidet Kopf und Schwanz ab und zieht die Mittelgräte. Auseinandergeklappt werden sie alsdann gepfeffert, gesalzen und mit Zitrone beträufelt. Man läßt sie eine Weile ziehen.

Nun bereitet man 3 Teller vor, jeweils mit Mehl, den geschlagenen Eiern und geriebener Semmel. Man zieht die Heringe erst durch Mehl, durch Ei und dann durch die geriebene Semmel. Dann werden sie in viel Öl sehr braungebraten und in eine Schüssel geschichtet. Die Zwiebel schneidet man in Ringe und legt sie dazu. In einem Topf wird sehr kräftiges Essigwasser mit einer Prise Zucker gekocht und siedend über die Heringe gegossen.

Einen Tag müssen sie ziehen.

Gabelbissen

6 Salzheringe
1 Flasche Öl
je 1 Teelöffel Piment und Pfefferkörner
10 Lorbeerblätter
1 Eßlöffel Senfkörner
3 Stück eingelegter Ingwer
2 Zwiebeln
1 Zitrone
1 Apfel
2 Bund Dill

Man putzt die Heringe und wässert sie einen Tag. Danach wird die Gräte gezogen, die Rückenhaut abgezogen und die Heringe werden in zweifingerbreite Stücke geschnitten. Diese gibt man mit dem gehackten Dill in die Schüssel, damit er zuerst in die Heringe zieht. Wenig später kommen die Lorbeerblätter, Senfkörner, geschnittener Ingwer, Zwiebeln, Apfelscheiben und dünne Zitronenscheiben hinzu.

Alles gießt man dann mit Öl auf, daß es bedeckt ist und läßt es 2 Tage ruhen.

Forelln in Appelsoße

2 Forellen
4 Äpfel
1/4 Liter süßer Weißwein
Zucker, Zimt, Essig
Zitronenschale
Muskat
Butter, Salz

Die Forellen kocht man in Salzwasser mit etwas Essig ab, nimmt sie heraus und läßt sie abtropfen.

Unterdessen schält und schneidet man die Äpfel, läßt sie in Wein mit etwas Zucker und Zimt weichkochen, schlägt sie durch ein Sieb und würzt sie mit Zitronenschale und Muskat.

Alsdann gießt man dieses über die Forellen und läßt alles mit einem Stückchen Butter aufkochen.

Zwiwwelsallad

2 große Zwiebeln
je eine Handvoll Petersilie, Dill, Basilikum
Essig, Zucker, Öl

Die Zwiebeln würfelt man ganz klein und brüht sie ganz kurz in kochendem Essigwasser mit einer Prise Zucker ab. Dann wiegt man die Kräuter fein und vermischt sie mit den abgetropften Zwiebeln und etwas Öl.

Domadensallad

1 Pfund Tomaten
1 Zwiebel
Zitrone, Zucker, Pfeffer, Salz
Öl

Die Tomaten gibt man kurz zum Abbrühen in kochendes Wasser. Danach häutet man sie, schneidet sie in größere Stücke und läßt sie auf einem Durchschlag abtropfen.

Inzwischen verrührt man den Zitronensaft mit Pfeffer, Salz sowie einer Prise Zucker und läßt unter heftigem Quirlen reichlich Öl hineintropfen. Alsdann werden die Tomaten mit der geschnittenen Zwiebel dazugegeben.

Weißgraudsallad

2 Pfund Weißkraut
200 g Speck
2 Zwiebeln
1/2 Tasse Essig
1/2 Tasse Öl
Salz, 1 Eßlöffel Zucker

Das Kraut hobelt man fein, läßt es in kochendem Wasser 3 Minuten abbrühen und tropft es ab. Dann brät man den recht fein gewürfelten Speck im Tiegel aus und läßt die geschnittene Zwiebel darin glasig dünsten.

Das Kraut, die Zwiebel und den Speck, ohne das ausgelassene Fett, vermischt man schön. Danach verquirlt man Essig, Öl, Zucker und Salz recht kräftig und übergießt damit das Kraut. Es muß ein paar Stunden ziehen und vielleicht noch einmal mit Zucker abgeschmeckt werden.

Appelsallad mid Häring

4 Äpfel
1 Zwiebel
1 Matjeshering
Essig, Öl, Zucker
Pfeffer, Salz

Die Äpfel schneidet man in Würfel zusammen mit den Zwiebelringen, dann werden sie in eine Schüssel gegeben, mit Essig, Öl, Pfeffer und Salz untermengt und einige Stunden stehengelassen.

Alsdann schneidet man den Hering darunter.

Ochsenmaulsallad

1 Pfund Ochsenmaul
1 Kalbsfuß
2 saure Gurken, 1 Pfeffergurke
2 Zwiebeln
1 Eßlöffel Kapern
1 Teelöffel Pfefferkörner
4 Lorbeerblätter, 1 Teelöffel Senfkörner
Essig, Öl, Zucker, Salz

Das Ochsenmaul und der Kalbsfuß werden in Salzwasser halbweich gekocht und in längliche Streifen geschnitten.

Nun werden Gurken und Zwiebeln in gleiche Stückchen geschnitten und mit den Kapern, Pfefferkörnern, Senfkörnern und Lorbeerblättern, die man mit den Fingern klein bröselt, untermengt. Anschließend schmeckt man mit Essig, Öl und Pfeffer ab.

Rindfleischsallad

1/2 Pfund Bratenfleisch
1 Zwiebel
1 Apfel
1 Gewürzgurke
2 Tomaten
1/2 Tasse Rahm
Pfeffer

Man brüht, schält und zerdrückt die Tomaten zu einem Brei und verrührt sie mit der Sahne. Alsdann schneidet man das Bratenfleisch, die Zwiebel, den Apfel und die Gurke in feine Würfel, mengt alles untereinander und schmeckt mit Pfeffer ab.

Gäsesallad

1/2 Pfund Schweizer Käse
1/8 Liter Schlagsahne
1 Teelöffel Dill
1 Teelöffel Meerrettich

Den Käse schneidet man in dünne Stäbchen. In einer Schüssel schlägt man die Sahne bis zur Steife, rührt den Dill und den Meerrettich darunter und legt die Käsestäbchen hinein.

Gäse-Radieschen-Sallad

1/2 Pfund Schweizer Käse
1 Bund Radieschen
1 kleine Zwiebel
Essig, Öl, Zucker

Man schneidet den Käse in kleine Würfel, die Radieschen in dünne Scheiben und die Zwiebel in Würfel, vermengt alles und schmeckt mit Essig, Öl und Zucker ab.

Griener Sallad

1 Kopfsalat
2 hartgekochte Eier
4 Eßlöffel Öl
1 Teelöffel Senf
Essig, Salz, Zucker

Man putzt und wäscht den Salat gut und läßt ihn abtropfen. Dann zerdrückt man die Eidotter gründlich, verrührt sie sehr fein, gibt unter Rühren tropfenweise Öl hinzu nebst dem Senf und rührt alles recht glatt.

Alsdann schmeckt man mit Essig, Salz und Zucker ab. Der zerpflückte Salat wird vorsichtig untergehoben.

Selleriesallad

1 Sellerie
Essig, Zucker, Salz, Öl
1 Zwiebel

Den Sellerie bürstet man mit einer Wurzelbürste gut ab, schält ihn und schneidet ihn in Scheiben.

In einen Topf gibt man Wasser, Essig, Zucker und Salz. Man kostet es ab, es muß angenehm kräftig süß-sauer schmecken, kocht es, legt den Sellerie hinein und läßt ihn weichkochen.

Alsdann gibt man den Sellerie mit etwas Brühe in eine Schüssel, schneidet die Zwiebel darüber, gießt mit Öl an und pfeffert etwas.

Meernsallad

1 Pfund Möhren
1 Zitrone
1 Teelöffel Zucker
Öl, Salz

Die Möhren putzt man, kocht sie in Salzwasser mit 1 Teelöffel Zucker weich, schneidet sie mit dem Bundmesser schräg zur Möhre und legt sie in eine Schüssel.

Alsdann verquirlt man den Zitronensaft mit Öl und etwas Zucker salzt es und gießt alles über die Möhren.

Blumengohlsallad

1 Blumenkohl
1 große Zwiebel
1 Eßlöffel gehackter Dill
Essig, Zucker
Pfeffer, Salz

Man spült den Blumenkohl kräftig ab, daß keine Raupe mehr darin ist, setzt ihn in kochendes Salzwasser und kocht ihn fast weich.

In einer Schüssel rührt man ein wenig Essig mit Zucker und Öl zusammen, pfeffert es und gibt die Zwiebelringe und Dill dazu. Dann zerteilt man den Blumenkohl in Röschen, legt sie in die Schüssel und schüttet mit dem Blumenkohlwasser auf. Man lasse es 2 Stunden ziehen.

Bohnensallad

1 Pfund Wachsbohnen
2 Eßlöffel Bohnenkrautblätter
1 Zwiebel, 1 Teelöffel Senfkörner
Essig, Zucker, Salz, Öl

Die Wachsbohnen putzt man und kocht sie in kräftigem Salzwasser fast weich. Man läßt sie ganz. Danach verrührt man in einer Schüssel Essig und Öl mit etwas Zucker, Bohnenkraut und den Zwiebelringen, würzt mit Pfeffer und Senfkörnern, legt die Bohnen hinein und gießt mit dem Bohnenwasser auf.

Rohde-Rieben-Sallad

1 Pfund Rote Beete
1 Zwiebel
1/2 Teelöffel Kümmel
Essig, Öl
Pfeffer, Salz

Man bürstet die Roten Rüben sehr sauber und kocht sie mit der Schale in Salzwasser weich. Dann nimmt man sie heraus, schält sie und schneidet sie mit dem Bundmesser in Scheiben.

In eine Schüssel gießt man etwas Essig mit einer Messerspitze Zucker, gibt die Zwiebelringe, Kümmel und Pfeffer hinein, legt die Rübenscheiben darauf und gießt mit dem Kochwasser auf.

Vor dem Servieren gießt man den Salat ab und gibt dann noch etwas Öl darüber.

Gardoffelsallad

1 Pfund Kartoffeln
1 Apfel
1 kleine Zwiebel, 1 Knoblauchzehe
1 Eidotter
Essig, Öl, Zucker
Pfeffer, Salz

*Die weichgekochten Kartoffeln läßt man ab-
kühlen. In einer Schüssel verquirlt man das Eigelb
mit dem Öl, das man tropfenweise hinzugibt,
schneidet den Apfel in Würfel, zerdrückt die Knoblauchzehe und gibt dies zusammen mit der geschnittenen Zwiebel in die Schüssel.*

*Alsdann schneidet man die Kartoffeln in schöne
dünne Scheiben und vermengt sie. In einer Tasse
mischt man einen Teelöffel Essig mit etwas kochendem Wasser und einer Messerspitze Zucker und
gießt es zusammen mit Pfeffer und Salz über die
Kartoffeln. Man rührt kräftig um und läßt alles
etwas ziehen.*

*Auch kann man noch einige Würfel knusprig
gebratenen Speck dazutun.*

Gardoffelsallad mid Wurschd

2 Pfund Kartoffeln
200 g Jagdwurst
4 Eßlöffel Sauerrahm
1 rohes Ei
1 kleine Senfgurke
1 kleine Zwiebel
1 kleines Stück grüne Gurke
Essig, Öl, Zucker
Pfeffer, Salz

In einer großen Schüssel verquirlt man den Rahm mit dem rohen Ei. Alsdann schneidet man dahinein die geschälten Kartoffeln in dünne Scheiben. Inzwischen wird die Jagdwurst in ganz dünne Streifen geschnitten und ausgebraten.

Die Senfgurke, grüne Gurke und Zwiebel wird schön klein gewürfelt mit der ausgebratenen Wurst unter die Kartoffeln gemengt.

Danach wird etwas Essig mit wenig heißem Wasser aufgefüllt und mit Öl, einer Prise Zucker, Pfeffer und Salz über den Salat gegegeben.

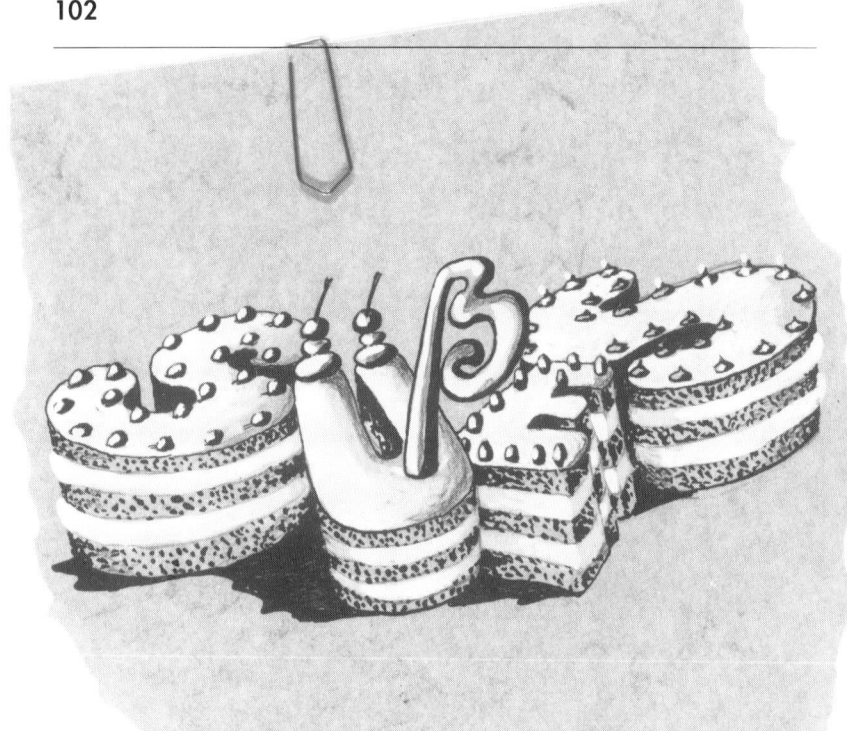

Buddermilchgetzen

1 Liter Buttermilch
3 Eier
1/2 Pfund Mehl
100 g Speck
Salz

Man quirlt die Buttermilch, die Eier, das Salz und das Mehl gut zusammen. Den gewürfelten Speck brät man in einer großen Pfanne scharf aus, gießt die Masse vorsichtig hinein und läßt sie schön backen.

Davon sticht man große Nocken ab und serviert sie mit dem Speck.

Quarggeulchen

1 Pfund Quark, Mehl
3 Eier
1 Tasse Sauerrahm
Butter, Salz

Den Quark, die Eier und den Rahm verrührt man mit ein wenig Salz, alsdann gibt man so viel Mehl daran, daß ein nicht zu fester Teig entsteht.

In einem Tiegel läßt man Butter aus, nimmt immer eine Handvoll Teig, formt ihn in flache Scheiben, brät sie von beiden Seiten schön braun und bestreut sie mit Zucker.

Gardoffelbudding

1 Pfund Kartoffeln
ca. 200 g Butter
2 Eier
3 Eßlöffel Zucker, Salz
1/2 Zitrone

Man reibt die gekochten und kalt gewordenen Kartoffeln, rührt die Butter zu Sahne, gibt Eier, Zucker, Zitronensaft und eine Prise Salz dazu und rührt alles tüchtig durcheinander. Dazu kommen die Kartoffeln.

Die Masse zu diesem Pudding muß recht dick eingerührt und das Hinzugießen von Flüssigkeit vermieden werden.

In einer Form muß der Pudding im Herd eine Stunde backen.

Grießbudding

3 Tassen Milch
1/2 Pfund Weizengrieß
150 g Butter
6 Eidotter, 6 Eiweiß
1/2 Zitrone
Zucker

Von der Milch und dem Grieß kocht man einen Brei, der aber nicht klumpig sein darf, rührt dann die Butter zu Rahm, schlägt die Eidotter und gibt die Zitronenschale und Zucker nach Belieben hinzu.

Hierauf rührt man den abgekühlten Brei darunter, fügt zuletzt das zu Schnee geschlagene Eiweiß hinzu und läßt alles zusammen in einer Form backen, die man vorher mit Butter und geriebener Semmel ausgestrichen hat.

Reispudding wird auf dieselbe Weise bereitet.

Gerschfanne

2 Pfund saure Kirschen
1 Pfund Zucker
5 Semmeln
1 Liter Milch
6 Eier
2 Eßlöffel Mehl
Zimt, Kardamom, Salz
Butter

*Man nimmt die Kirschen, beert sie ab und ver-
mischt sie am Abend davor mit Zucker. Am Tage
darauf weicht man die Semmeln in Milch ein, hat
man sie genug geweicht, so schlägt man die Eier
und das Mehl hinzu, quirlt alles gut zusammen, so
daß von der Semmel kleine Stückchen bleiben und
gibt noch ein wenig Salz, Zimt und Kardamom
hinzu.*

*Hierauf nimmt man Butter, klebt damit eine
große Bratpfanne aus, schüttet die eingezuckerten,
abgetropften Kirschen zu der Milch, rührt es gut
durcheinander, dann schüttet man alles in die
Pfanne und läßt es so lange im Backofen backen,
bis die Oberseite schön gelbbraun ist.*

*Vor dem Auftragen bestreut man es noch mit
Zucker und Zimt.*

Bernfanne

3 Pfund Birnen
die gleichen Zutaten wie bei der Kirschpfanne

Man schält und schneidet die Birnen. Nun klebt man eine große Pfanne gut mit Butter aus, gibt die Birnen in dieselbe, setzt sie in den Bratofen und läßt sie erst für sich allein ein wenig anbraten, dann quirlt man die gleiche Fülle wie bei den Kirschen ein, schüttet sie über die Birnen und läßt sie schön gelb backen.

Auf dieselbe Art macht man die Fülle von Borsdorfer Äpfeln und von Pflaumen.

Äbbel mid Milch

kleine Äpfel
1/4 Liter Milch
2 Eßlöffel Mehl
Butter

Die Äpfel werden sauber gewaschen, mit Schale in eine Pfanne gelegt und mit ein wenig Wasser einige Minuten kochen gelassen.

Dann wird die Milch mit dem Mehl verquirlt, über die Äpfel gegossen, aufgekocht und mit brauner Butter begossen.

Abbelbrod

2 Pfund Äpfel
1 Päckchen Pumpernickel
Zucker
1 Tasse Rosinen, Nelken
Butter
2 Semmeln

Die geschälten und fein geschnittenen Äpfel werden mit recht viel Zucker, Zimt, Rosinen und Nelken untermengt. Der Pumpernickel wird zerbröselt und gezuckert.

Eine Bratpfanne wird mit Butter ausgestrichen, dahinein eine Schicht Brot, eine Schicht Äpfel und so fort getan, bis alles alle ist. Nun drückt man alles derb zusammen, belegt mit Semmelscheiben und läßt es im Herd zugedeckt 2 Stunden mit wenig Hitze backen.

Zidronenschbeise

1 Zitrone, 8 Eier
5 Eßlöffel Zucker, Butter

Die Zitrone kocht man in Wasser ganz weich, dann wird sie in einem Reibenapf ganz fein gerieben, das Gelbe von den Eiern, Zucker und zuletzt das geschlagene Eiweiß daruntergerührt. Eine Form wird mit Butter ausgestrichen und die Speise eine Stunde lang gebacken.

Schogoladenschbeise

200 g Butter
4 Eier, getrennt
4 Eßlöffel Zucker
2 Semmeln
1/4 Liter Milch
1 Tafel Schokolade
Butter
1 Scheibe Pumpernickel

Man rührt Butter in 4 Dottern und Zucker gut ab. Dann werden die Semmeln in Milch geweicht, wieder ausgedrückt, zerrieben und dazugegeben.
Nun wird der Schnee von den Eiern nebst der geriebenen Schokolade eingerührt und in einer mit Butter ausgestrichenen Form, welche auch noch mit dem geriebenen Pumpernickel ausgestreut ist, bei wenig Hitze 1 Stunde lang gebacken.

Grießschbeise

1/2 Liter Rahm
4 Eßlöffel Zucker
200 g Butter
1/2 Pfund Weizengrieß
3 Eier
1/2 Zitrone
2 Eßlöffel gewiegte süße Mandeln

Der Rahm wird mit Zucker und Butter übers Feuer ge-setzt. Sobald es kocht, gibt man den Grieß unter ständigem Quirlen hinein und läßt es eine Viertelstunde ausquellen.

Alsdann schlägt man noch die Eier, Zitronensaft und die Mandeln hinzu, bäckt es in einer Form, die vorher mit Butter ausgestrichen ist, bei wenig Hitze 1 1/2 Stunde.

Mehlschbeise von Gardoffeln

200 g Butter
3 Eier
4 Eßlöffel Zucker
1/2 Zitrone
1 Pfund geriebene, gekochte Kartoffeln
1 Tasse Rosinen
2 Eßlöffel gehackte bittere Mandeln

Man verrührt erst die Butter mit den Eiern gut zusammen, alsdann gibt man die übrigen Zutaten hinzu, reibt eine Form mit Butter ein und bäckt alles 1 Stunde bei schwacher Hitze.

Arme Ridder

4 Semmeln
3 Eier
1/4 Liter Milch
Butter
Zucker, Zimt

Man schneidet die Semmeln in Scheiben und legt sie breit in eine Schüssel, quirlt die Eier mit der Milch und begießt damit die Semmeln, daß sie gut durchweichen, aber nicht zerfallen. Sodann werden sie in Butter von beiden Seiten schön braun gebraten, mit Zucker und Zimt bestreut und gleich warm gegessen.

Eiergrogg

1 Liter Wasser
6 Eidotter
1/4 Liter Arrak
1/4 Pfund Zucker

Wenn das Wasser kocht, nimmt man die Eidotter und schlägt sie zur Sahne, dann werden der Arrak und der Zucker genommen und mit den Eiern unter beständigem Rühren in das kochende Wasser gegeben.

Warmbier

1/2 Liter Milch
1 Liter Braunbier
3 Eidotter
1 Teelöffel Mehl
1 Eßlöffel Butter
Zucker, Salz, Zimt

Man setzt die Milch und das Bier getrennt aufs Feuer und läßt es kochen. Dann quirlt man die 3 Eidotter und Mehl in ein wenig Milch.

Sobald nun Milch und Bier kochen, gießt man unter stetigem Quirlen alles zu der Milch, alsdann das Bier dazu und läßt es zusammen mit Butter, Zucker, Zimt und einer Prise Salz anziehen. Ehe das Bier zu kochen anfängt, muß es gut abgeschäumt werden.

Eierbunsch

1/2 Liter Arrak
1/2 Liter Weißwein
1/2 Liter Wasser
1/2 Pfund Zucker
10 Eier
4 Zitronen

Man nimmt alles zusammen in einen großen Topf, setzt es aufs Feuer und schlägt es so lange, bis es schäumt.

Man gibt den Punsch in Gläser und trinkt ihn heiß.

Sossen

Klösse

Fleisch

SÜSSES

PROST

BRAUEREI KROSTITZ

Ur-Krostitzer

PREMIUM

FEINHERBES PILSNER

TRADITION SEIT 1534

Wußten Sie eigentlich, daß f6 jetzt unsere beliebteste Cigarette ist?

Liebe f6-Freunde! In den letzten Monaten ist f6 hier bei uns zu der am meisten gerauchten Cigarette geworden. Gefragter als je zuvor und mit besten Aussichten für die Zukunft. Das hat uns natürlich sehr gefreut, und wir möchten uns hiermit einmal herzlich bei Ihnen bedanken. So ganz überraschend kam diese Entwicklung allerdings nicht. Sie zeigt, daß es richtig war, den Charakter der f6 nicht zu verändern. Denn obwohl Qualität und Herstellung entscheidend verbessert wurden, ist die f6 doch genau so geblieben, wie sie schon immer war: kräftig, stark und unverwechselbar würzig im Geschmack. Und das ist schließlich die Hauptsache.

Der Geschmack bleibt.